ブッダの言葉

中村元 訳　丸山勇 写真
佐々木一憲 解説

新潮社

ブッダガヤーのナイランジャナー河と夕日に映える大菩提寺の大塔
［前頁］夜明けのガンジス河　ヴァーラーナシー

すべて悪しきことをなさず、
善いことを行ない、
自己の心を浄めること、
——これが仏の教えである。

はじめに　佐々木一憲

どんなことにも始まりがあり、物語がある。

現代人にとってブッダ・ゴータマとはいかなる存在であろうか。その人物と思想とは今日、多くの人に親しみをもって受け容れられているが、それはブッダその人の語ったことばが我々のもとに届けられたからに他ならない。その最大の功労者が中村元《はじめ》博士（1912－1999）であった。

旧制中学入学と同時に大病を患い、当時の学生には珍しく思想書・宗教書の類に親しむようになっていた中村少年は、進学した一高のドイツ語教師が語る「思想としての仏教」に新鮮な感動を覚えた。外国人教師の口から語られる仏教は、少年の知る仰々しい仏教語の羅列とは異なる、ブッダその人の、心に響くあたたかな教えだった。

敗戦後の混乱期、人々は新しい時代に宗《むね》とすべき思想を求め、書物を欲した。もちろん我々には祖師たちが伝えた仏教はあった。しかし、従来の仏教書は出家僧や専門学者のためのもので、教えの核心を生活のことばで伝えるものではなかった。我々はその言葉を生きる糧《かて》とすることが出来なかったのだ。生活のことばで語られないかぎり、思想は人々の血肉となることはない。そう確信した博士は、〝火星語〟と揶揄され、わからないからこそ有り難いとされてきた〈お経〉をわれわれの生活のことばに翻訳しようと心に決めた。ブッダの教えはこのとき初めて、本来の姿で市井の人に届けられることになったのである。

　ブッダの語り口までをも伝えるパーリ聖典『スッタニパータ』『ダンマパダ』『大《マハー》パリニッバーナ経《スッタンタ》』などがつぎつぎと訳出され、世に送り出されした。翻訳において中村博士は透明になり、ブッダその人のみずみずしい思索と教えのことばがわれわれの心にまっすぐ届く。その教えのなんとわかりやすく、身近に感じられるものであることか。

　ブッダが生きた時代のインドは、世の中のしくみが一新し、人々が因襲から解き放たれて自由に思索を始めた時代であった。新奇な思想を唱える思想家・宗教家たちが陸続と現れ、世界について真理について恣《ほしいまま》に主張をぶつけ合う中で、ブッダはそれらと張り合うことなく、ただひたすらに自らも実践する正しい道〈法〉を人々に説いて歩いた。そこに説かれた古今東西・老若男女を通じて変わらない「人の道」は、普遍的なるが故に、２５００年の時を隔てた異国の地に暮らす私たち現代日本人の心にもすっと入ってくる。

　一方で、相手になじみ深い事柄に乗せて教えを説くことに巧みだったブッダのことばは、彼らが生きたインドの大地、人々の生活に深く根差しており、インドの情景の中で聞いたときに一層いきいきと心に迫ってくる。

　われわれはここでインドの景色の中に飛び込み、ブッダその人の語る言葉を追体験してみよう。悠久のインドは今も変わらずブッダの生きた時代と同じ姿を見せてくれている。

初転法輪の地サールナートの夜明け

目 次

はじめに 佐々木一憲 4

第一章 慈しみ 10

第二章 幸福 20

第三章 道を歩む 30

第四章 怒り 怨み 70

第五章 世に生きる 78

第六章 執著を離れる 90

第七章 死と向き合う 104

第八章 真理とは 116

第九章 心 130

第十章 つとめ励む 140

第十一章 ブッダの生涯 154

撮影後記 丸山 勇 172

出典一覧 175

インドの国章となっている獅子の柱頭
サールナート出土 5世紀 サールナート考古博物館蔵

第一章 慈しみ

慈《いつく》しみ、より一般的には〈慈悲〉と熟語にして説かれるこの教えはブッダの教えの根幹である。

慈の原語は maitrī《マイトリー》といい、「友情」を意味する。悲は karuṇā《カルナー》であり、これは心からの同情の気持ちを表す言葉である。本当の友に接するように、偽りなく相手のこころに寄り添うこと。しかし諸々とそれを追認するのではなく、真に相手の幸福を思って接するときの「まことの心」。それが慈悲、慈しみのこころである。

ブッダはこの、慈母が愛児に向けるような一《ひと》片《かけら》の敵愾心もない思い、幸せを願うこころを、この世の生きとし生けるものの全てに向けよ、と説いた。相手を限定し分け隔てることなく、等しくすべてに慈愛を注げ、という教えは、非暴力・無傷害の思想としてインド人の心に深く浸透した。

慈悲で満たされた心に、その対極の感情である怒りや怨みが同居することはできない。そのため慈悲は、怒りを鎮める対抗手段とも、また日頃怒りっぽい人が徒《いたずら》に心をざわめかせないための予防手段ともされてきた。じつに「慈しみ」は、心に平安と安寧をもたらす即効性のある〝薬〟でもあるのだ。

この章に取り上げられたことばは、上座部仏教圏で古くから『メッタ・スッタ』（『慈経』）として独立に読誦されてきた経典のほぼ全編にあたる。「慈しみ」は高尚な学問などではなく、日々の心がけとして、いまも人々の生活の中に生きている教えである。

樹下観耕像　サハリ＝バハロール（ガンダーラ）出土
2世紀頃　ペシャワール博物館蔵

究極の理想に通じた人が、
この平安の境地に達して
なすべきことは、
次のとおりである。

能力あり、直く、正しく、
ことばやさしく、柔和《にゅうわ》で、
思い上ることのない者で
あらねばならぬ。

菩提樹下で悟りを開いたブッダの遺徳を偲ぶスリランカの巡礼者たち。ブッダガヤー

足《た》ることを知り、
わずかの食物で暮し、
雑務少く、
生活もまた簡素であり、
諸々の感官が静まり、
聡明で、高ぶることなく、
諸々の（ひとの）家で
貪《むさぼ》ることがない。

他の識者の非難を
受けるような下劣な行いを、
決してしてはならない。

いかなる生物生類《いきものしょうるい》であっても、
怯《おび》えているものでも
強剛《きょうごう》なものでも、
悉《ことごと》く、
長いものでも、
大きなものでも、
中くらいのものでも、
短いものでも、
微細なものでも、
粗大《そだい》なものでも、

ガンジス河上空の雲海

目に見えるものでも、
見えないものでも、
遠くに住むものでも、
近くに住むものでも、
すでに生まれたものでも、
これから生まれようと欲するものでも、
一切の生きとし生けるものは、
幸せであれ。

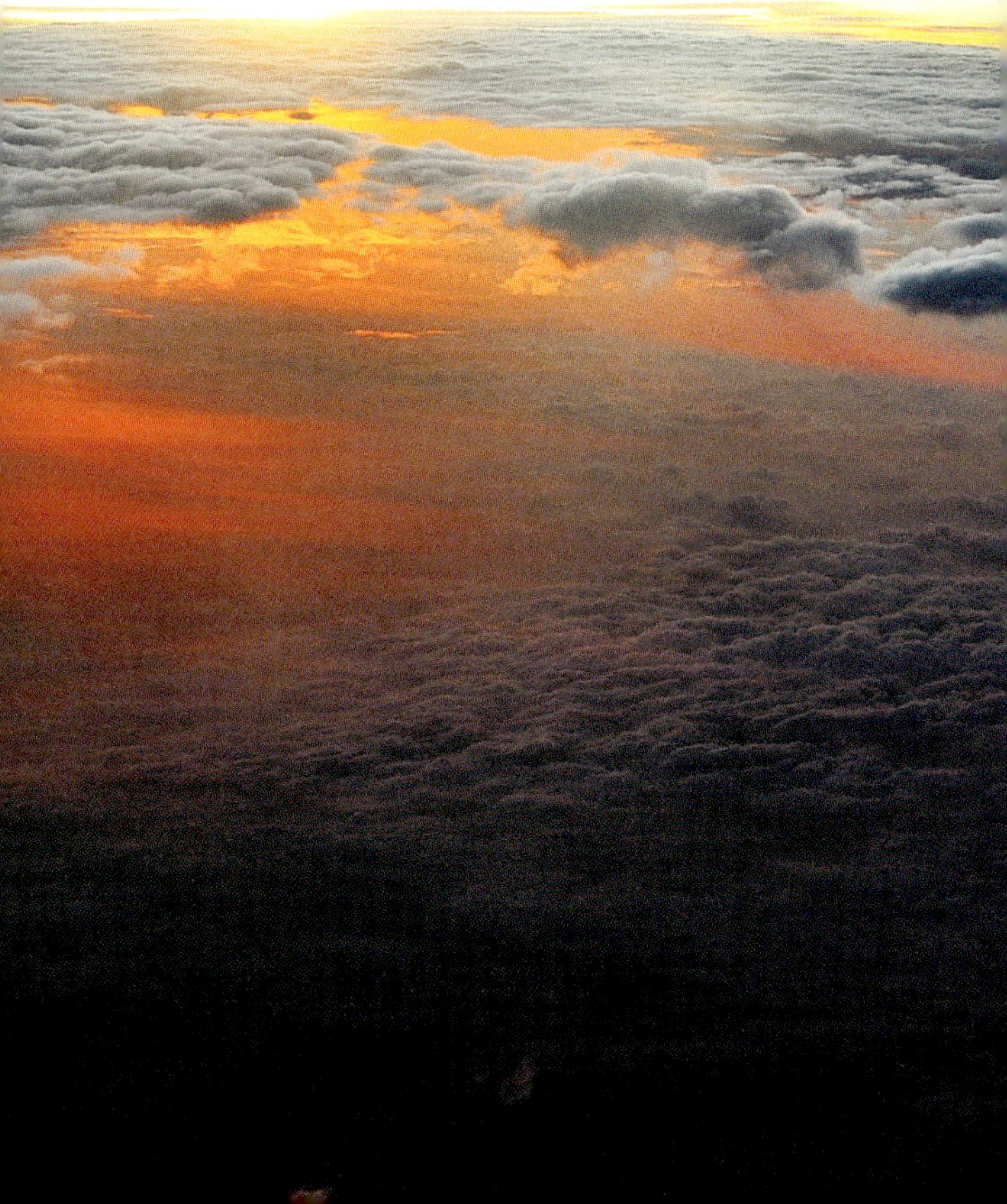

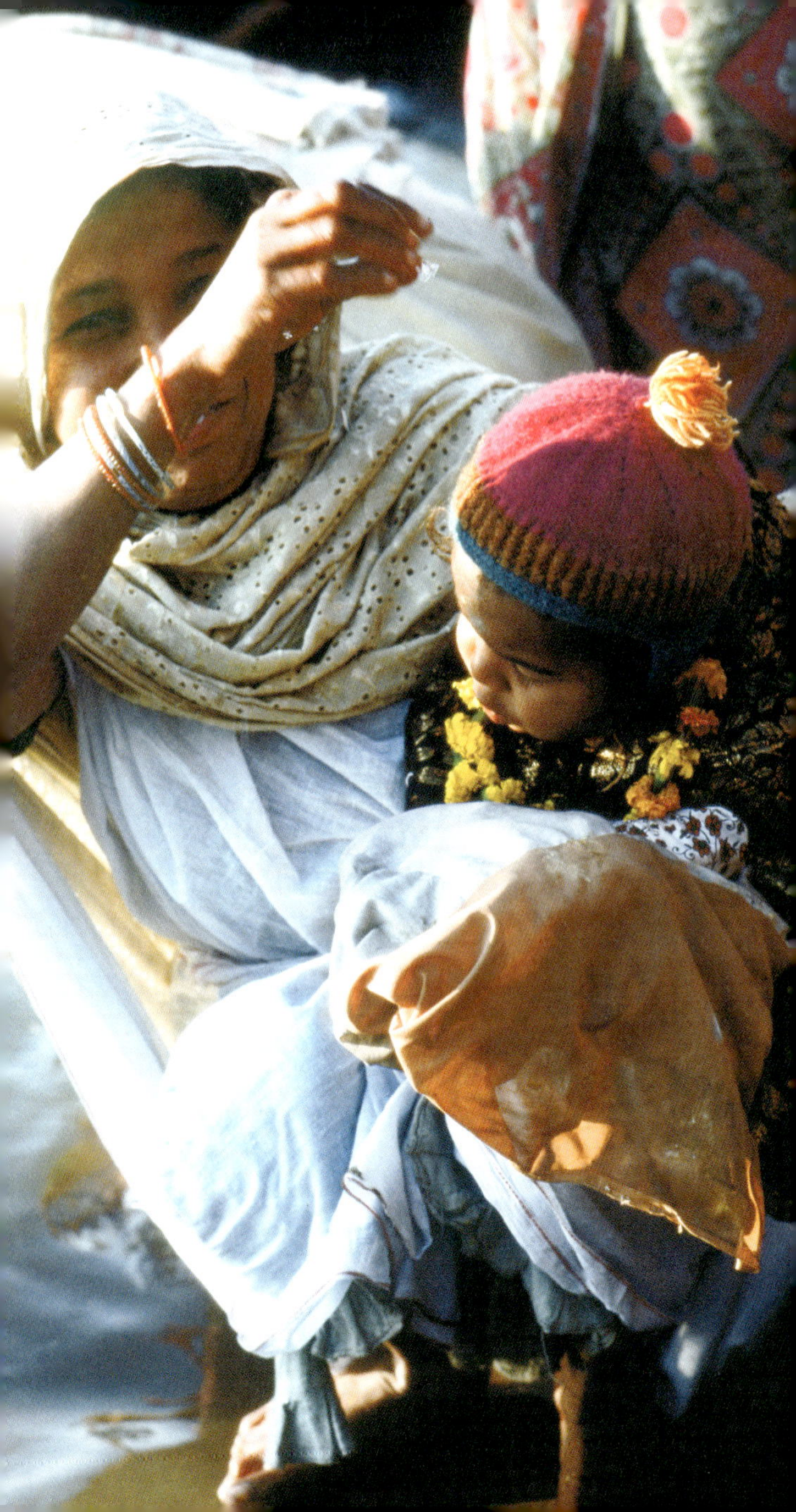

あたかも、母が己《おの》が独《ひと》り子《ご》を命を賭《か》けても護《まも》るように、
そのように一切の生きとし生けるものどもに対しても、
無量の（慈《いつく》しみの）こころを起すべし。

ガンジス河の聖水でわが子を
浄める母親　ヴァーラーナシー

また全世界に対して
無量の慈しみの意《こころ》を起すべし。
上に、下に、また横に、
障害なく怨みなく敵意なき
（慈しみを行うべし）。

立ちつつも、歩みつつも、
坐しつつも、臥《ふ》しつつも、
眠らないでいる限りは、
この（慈しみの）心づかいを
しっかりとたもて。

一家総出で脱穀作業に勤しむ。
カニャークマリ近郊

第二章
幸福

前章の『メッタ・スッタ』と並ぶ代表的な常用経典『マンガラ・スッタ』から集められたことばである。

マンガラとは幸福のありかを知らせる吉祥なるしるし（吉兆）のこと。こうした種々のしるしが見られる人のところには必ずや幸せが存している。ブッダは幸福とはなにか特別な行いによって得られるものではなくて、日々のなにげない、あたりまえの心掛けと共にある、と教えているのだ。

人は「こうしたささやかな幸福をどれだけ集めても心からの満足はえられなかった」と訝《いぶか》るかもしれない。だがそれは、手にしたこれらに欠陥があるのではなくて、この世には何一つ永続的なものはないという理《ことわり》によるのだ。

ブッダは「諸行無常　一切皆苦」と説いたが、それははじめから一片の幸福も得られないということではない。どんな幸福もかりそめのもので、かならずいつか否応なく手許を離れていく――それが「諸行無常　一切皆苦」なのである。

しかし、「この世はすべて常ならざるもの」と覚悟して、いたずらに失うことを恐れず、かりそめの、今ある一つひとつの幸せを得難いもの、有り難いものとみて日々その更新に努めるならば、無常の教えは一転、永遠の幸福へとつながる道を説き示す福音となる。

ブッダはわれわれに、幸福をもたらすものは必ず失われるのだと知った上で、なお、いついかなる時でも幸せであれ、と教えるのである。

仏立像　アマラーヴァティー出土
２～３世紀　州立ハイデラバード博物館蔵

ヒマラヤの村娘　ラニケト

諸々《もろもろ》の愚者《ぐしゃ》に親しまないで、
諸々の賢者《けんじゃ》に親しみ、
尊敬すべき人々を尊敬すること、
——これがこよなき幸せである。

適当な場所に住み、
あらかじめ功徳《くどく》を積んでいて、
みずからは正しい誓願《せいがん》を起していること、
——これがこよなき幸せである。

深い学識あり、技術を身につけ、
身をつつしむことをよく学び、
ことばがみごとであること、
——これがこよなき幸せである。

父母につかえること、
妻子を愛し護《まも》ること、
仕事に秩序あり混乱せぬこと、
——これがこよなき幸せである。

施与《せよ》と、理法にかなった行いと、
親族を愛し護ることと、
非難を受けない行為、
——これがこよなき幸せである。

永遠の平穏を念じてガンジス河で
沐浴するカップル　パトナー

悪をやめ、悪を離れ、
飲酒をつつしみ、
徳行をゆるがせにしないこと、
――これがこよなき幸せである。

尊敬と謙遜《けんそん》と満足と感謝と
（適当な）時に教えを聞くこと、
――これがこよなき幸せである。

カウケーキを運ぶデカンの村人　パウニ

耐え忍ぶこと、
ことばのやさしいこと、
諸々《もろもろ》の〈道の人〉に会うこと、
適当な時に理法についての
教えを聞くこと、
——これがこよなき幸せである。

寺参り　ビハール州

修養と、清らかな行いと、
聖なる真理を見ること、
安らぎ（ニルヴァーナ）を
体得すること、
――これがこよなき幸せである。

世俗のことがらに触《ふ》れても、
その人の心が動揺せず、
憂《うれ》いなく、汚《けが》れを離れ、
安穏《あんのん》であること、
――これがこよなき幸せである。

第三章

道を歩む

幸福な生活を送ることは、正しい〈人の道〉を歩むことに他ならない。なにが正しい道であるかを知るのが賢き者であり、なにが自分を迷わせるのかを見極めていて、道を踏み外すことのない人が尊い人である。

ブッダが教える善悪の道はことのほかシンプルである。「もしも或る行為をしたのちに、それを後悔して、顔に涙を流して泣きながら、その報《むく》いを受けるならば、その行為をしたことは善くない。もしも或る行為をしたのちに、それを後悔しないで、嬉しく喜んで、その報いを受けるならば、その行為をしたことは善い」（ダンマパダ67、68）

正しい生き方をする人々の間にあれば良心が育ち、自ずと善悪を知るようになる。この良心に従い粛々と日々を送るものは安楽な暮らしを得る。一方で、知りながらなお〝抜け駆け〟の利を得る誘惑に負けて悪事をなす人は卑しき人である。「悪事を行なっておきながら、『誰もわたしのしたことを知らないように』と望み、隠し事をする人、――かれを賤しい人であると知れ」（スッタニパータ127）

苦楽の果報は人によってもたらされるのではなく、この世の理《ことわり》によってもたらされる。人の眼はごまかし遂《おお》せても、善悪の行いはどんな形であれ必ず相応の報いを引いてくる。

ブッダは善悪を当時のインドの社会通念に準じて説いた。何をするかなのではない。愚直に〈人の道〉を歩むか否か。それだけが問題なのだ。

仏胸像　ナーガールジュナ・コンダ出土
3～4世紀　ナーガールジュナ・コンダ考古博物館蔵

何ぴとも他人を欺《あざむ》いてはならない。
たといどこにあっても
他人を軽んじてはならない。
悩《なや》まそうとして
怒りの想いをいだいて
互いに他人に
苦痛《くつう》を与えることを
望んではならない。

アジャンタ近郊レナプール村の人々

他人の過失を見るなかれ。
他人のしたこととしなかったことを見るな。
ただ自分のしたこととしなかったことだけを見よ。

うるわしく、あでやかに咲く花でも、
香りの無いものがあるように、
善く説かれたことばでも、
それを実行しない人には実《みの》りがない。

うるわしく、あでやかに咲く花で、
しかも香りのあるものがあるように、
善く説かれたことばも、
それを実行する人には、実《みの》りが有る。

「神々への門」ハリドワールの巡礼者

豪雨に冠水した農地を渡る牛の群れ　ゴーラクプル近郊

学ぶことの少ない人は、
牛のように老いる。
かれの肉は増《ふ》えるが、
かれの知慧は増えない。

ガンジス河畔の朝
ビハール州都パトナー

生きものを（みずから）殺してはならぬ。
また（他人をして）殺さしめてはならぬ。
また他の人々が殺害するのを容認してはならぬ。
世の中の強剛《きょうごう》な者どもでも、
また怯《おび》えている者どもでも、
すべての生きものに対する暴力を抑《おさ》えて――。

すべての者は暴力におびえ、
すべての者は死をおそれる。
己《おの》が身をひきくらべて、
殺してはならぬ。
殺さしめてはならぬ。

すべての者は暴力におびえる。
すべての（生きもの）にとって生命は愛《いと》しい。
己が身にひきくらべて、殺してはならぬ。
殺さしめてはならぬ。

12年に一度ナーガの年に催される「水瓶の祭」
（クンブメーラ）に集まる人々
アラーハーバードのサンガム（河川の合流点）

果実が熟したならば、
尖端は甘美であるが、
喜んで味わってみると辛い。
愛欲は愚かなる者どもを焼きつくす。
——たいまつを放さない人の手を、
たいまつが焼くように。

日の出と日没の際に神々に祈りを捧げる
儀式アールティ　リシ・ケーシュ

成道の地ブッダガヤー参道の仏足石

ものごとの解った人は
婬行を回避せよ。
――燃えさかる炭火の
坑《あな》を回避するように。
もし不婬を修することが
できなければ、
（少くとも）
他人の妻を
犯《おか》してはならぬ。

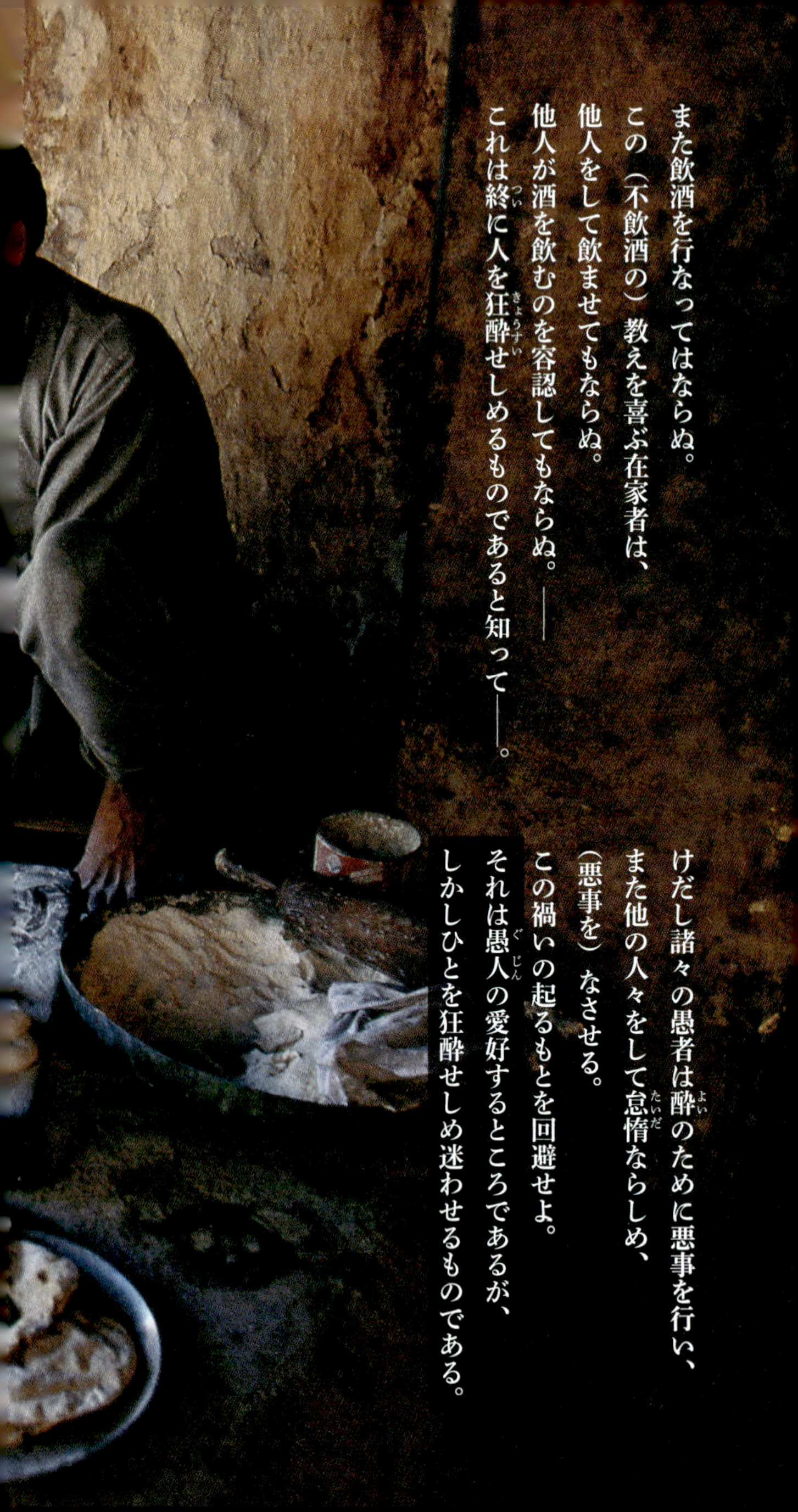

また飲酒を行なってはならぬ。
この（不飲酒の）教えを喜ぶ在家者は、
他人をして飲ませてもならぬ。
他人が酒を飲むのを容認してもならぬ。——
これは終《つい》に人を狂酔《きょうすい》せしめるものであると知って——。

けだし諸々の愚者は酔《よい》のために悪事を行い、
また他の人々をして怠惰《たいだ》ならしめ、
（悪事を）なさせる。
この禍いの起るもとを回避せよ。
それは愚人《ぐじん》の愛好するところであるが、
しかしひとを狂酔せしめ迷わせるものである。

タンドールでチャパティを焼く料理人
カーンプルのダバー（ロードサイドの屋台）

「われらは、ここにあって死ぬはずのものである」

と覚悟をしよう。

――このことわりを他の人々は知っていない。

しかし、このことわりを知る人々があれば、
争いはしずまる。

デカン高原の祠堂

生れによって
賤しい人となるのではない。
生れによって
バラモンとなるのではない。
行為《こうい》によって賤しい人ともなり、
行為によってバラモンともなる。

ヒマラヤ山麓、ガンゴートリー寺院で
バラモン僧に布施をする少女

独立記念日の祭典に各地から
集う多様な人々　首都デリー

生れを問うことなかれ。
行いを問え。
火は実にあらゆる薪《まき》から生ずる。
賤《いや》しい家に生まれた人でも、
聖者として道心堅固《どうしんけんご》であり、
恥を知って慎《つつ》しむならば、
高貴の人となる。

善からぬこと、
己れのためにならぬことは、
なし易い。
ためになること、
善いことは、
実に極めてなし難い。

マントラを唱えながらガンジス河の
神々に持ち寄った供物を捧げる巡礼者
一行　ヴァーラーナシーの沐浴場

眼ある人は、
盲人のごとくであれ。
耳ある人は、
聾者のごとくであれ。
知慧ある人は、
愚鈍なる者のごとくであれ。
強い者は
弱い者のごとくであれ。

ガンジス平原に降りそそぐ豪雨の洪水で高台に避難する農民

貧しくても笑顔を絶やさぬ農村の
子供たち　バルラームプル

身を稟《う》けた生きものの間では
それぞれ区別があるが、
人間のあいだでは
この区別は存在しない。
人間のあいだで
区別表示が説かれるのは、
ただ名称によるのみ。

正しい方法による損失もあり、
不正な方法による利得もある。
不正な方法による利得よりも、
正しい方法による損失のほうがすぐれている。

叡智の少ない人々が名声を得ることもあり、
聡明な人々が不名誉を受けることもある。
聡明な人々の受ける不名誉のほうが、
叡智の少ない人々の得る名声よりもすぐれている。

愚人から称讃されることもあり、
また識者から非難されることもある。
愚者から称讃されるよりは、
識者から非難されるほうがすぐれている。

欲望の快楽から起る快感もあり、
また独り遠ざかり離れることから生ずる
苦しみもある。
欲望の快楽から起る快感よりも、
独り遠ざかり離れることから生ずる
苦しみのほうがすぐれている。

不法なことをして生活することもあり、
また法をまもって死ぬこともある。
不法なことをして生活するよりは、
法をまもって死ぬことのほうがすぐれている。

10年におよぶ無発声の苦行を続ける
ヨーガ行者　チットラクート山中

まだ悪の報《むく》いが熟しないあいだは、
悪人でも幸運に遇《あ》うことがある。
しかし悪の報いが熟したときには、
悪人はわざわいに遇う。

まだ善の報いが熟しないあいだは、
善人でもわざわいに遇うことがある。
しかし善の果報が熟したときには、
善人は幸福《さいわい》に遇う。

「その報いはわたしには来ないだろう」
とおもって、悪を軽んずるな。
水が一滴ずつ滴《したた》りおちるならば、
水瓶でもみたされるのである。

愚かな者は、
水を少しずつでも集めるように
悪を積むならば、
やがてわざわいにみたされる。

「その報いはわたしには来ないであろう」
とおもって、善を軽んずるな。
水が一滴ずつ滴りおちるならば、
水瓶でもみたされる。
気をつけている人は、
水を少しずつでも集めるように
善を積むならば、
やがて福徳にみたされる。

ガンジス河畔の渡し場　ヴァーラーナシー

以前には悪い行ないをした人でも、
のちに善によってつぐなうならば、
その人はこの世の中を照らす。
——雲を離れた月のように。

夜明けのガンジス河
バグル・ガート　パトナー

悪事をしても、
その業（カルマ）は、
しぼり立ての牛乳のように、
すぐに固まることはない。
（徐々に固まって熟する。）
その業は、
灰に覆われた火のように、
（徐々に）燃えて悩ましながら、
愚者につきまとう。

成道の地ブッダガヤーの
菩提樹に捧げられた灯明

身体がむらむらするのを、
まもり落ち着けよ。
身体について慎《つつし》んでおれ。
身体による悪い行ないを捨てて、
身体によって善行を行なえ。

ことばがむらむらするのを、
まもり落ち着けよ。
ことばについて慎んでおれ。
語《ことば》による悪い行ないを捨てて、
語によって善行を行なえ。

心がむらむらするのを、
まもり落ち着けよ。

心について慎んでおれ。
心による悪い行ないを捨てて、
心によって善行を行なえ。

ガンジス河の源、流れる雲に見え隠れするガンゴートリー峰

第四章
怒り 怨み

怒り怨みと訳されるdveṣa《ドゥヴェーシャ》は、手にしたいと思ったもの、こうあれかしと期待したことが邪魔され、成就しなかった時に湧き上がる害意、敵愾心であり、三毒といわれる大きな煩悩の一つに数えられている。この思いを抱く者の心を蝕む毒であり、身を焼く炎である。

炎であれば消火するのが先決である。火にことさら油をくべるのはおろかなことだ。それゆえにブッダはただ「怒りを捨てよ」と説く。

怒り怨みを捨てるのは容易なことではない、と感じられる。しかし、それはなぜだろうか？「私はないがしろにされたのだ」という思い。それを相手に、誰かに知らしめてやりたいという心。それが怒り怨みを手放すことを躊躇させるのである。じつに人は、原因となった事柄や相手ではなくて、心の内の怒り怨みによって苦しむのだ。

みずから手放すならば、怒り怨みも自然と薄れ、消えていく。この感情もまた無常なのである。

しかし、起こってしまった怒りや怨みを捨て去ることは、事実としてなかなか困難だ。起こさないことよりもはるかに難しい。そうであれば、怒り怨みなどはじめから起こさないのが賢いあり方というものであろう。

第一章の解説で示したように「慈悲」が怒りの予防薬となる。この思いを常に心に留めて怒りが心を支配することを抑止しよう。それが「慈しみのこころを確《しっか》りと保て」ということだ。

仏立像　ジャマルプル出土　5世紀
マトゥラー博物館蔵

怒りを捨てよ。
慢心を除き去れ。
いかなる束縛をも超越せよ。
名称と形態とにこだわらず、無一物となった者は、
苦悩に追われることがない。

雨季のタラーイ盆地、カピラ城
ピプラーワーへの道を辿る牛車

走る車をおさえるようにむらむらと起る怒りをおさえる人
——かれをわれは〈御者〉とよぶ。
他の人はただ手綱《たづな》を手にしているだけである。
（〈御者〉とよぶにはふさわしくない。）

怒らないことによって怒りにうち勝て。
善いことによって悪いことにうち勝て。
わかち合うことによって物惜しみにうち勝て。
真実によって虚言の人にうち勝て。

真実を語れ。怒るな。
請われたならば、乏しいなかから与えよ。
これらの三つの事によって
（死後には天の）神々のもとに至り得るであろう。

荒々しいことばを言うな。
言われた人々は汝に言い返すであろう。
怒りを含んだことばは苦痛である。
報復が汝の身に至るであろう。

こわれた鐘のように、
声をあららげないならば、
汝は安らぎに達している。
汝はもはや怒り罵《ののし》ることがないからである。

ガンジスで沐浴し献灯する
女性たち　パトナー

「かれは、われを罵った。
かれは、われを害した。
かれは、われにうち勝った。
かれは、われから強奪した。」
という思いをいだく人には、
怨《うら》みはついに息《や》むことがない。

「かれは、われを罵った。
かれは、われを害した。
かれは、われにうち勝った。
かれは、われから強奪した。」
という思いをいだかない人には、
ついに怨みが息む。

実にこの世においては、
怨みに報いるに
怨みを以てしたならば、
ついに怨みの息むことがない。
怨みをすててこそ息む。
これは永遠の真理である。

家路を急ぐデカンの牛飼い　ハイデラバード近郊

第五章 世に生きる

人は一時独居することはできても、一人で生きていくことはできない。人が生きるということは、すなわち人中で生きるということだ。

朱に交われば赤くなる。世の中には尊い生き方をする者もあれば、卑しい生き方をする者もある。人の心もまた〈縁《よ》りて起こるもの〉であるから、賢者の集まりに身を置けば自分も賢くなり、愚者に紛れて暮らせば愚かになるのである。それゆえ、選べるのであれば、「賢者とつきあえ、愚者と交わるな」（ウダーナヴァルガ25・3取意）。

だが、環境を選べる人は稀である。望ましくない環境にあるときには、よくよく注意して、悪縁に染まらぬよう心を保たなければならない。安易に堕落の危険に身をさらすくらいなら、孤独を選んだ方がよい。

ブッダは利他を善行と説いたが、ただやみくもに利他することを勧めたのではなかった。

「たとい他人にとっていかに大事であろうとも、（自分ではない）他人の目的のために自分のつとめをすててはならぬ。自分の目的を熟知して、自分のつとめに専念せよ」（ダンマパダ166）

自分を疎かにする者が真に他人の手助けをすることはできないし、たとえ利他のためにであっても、自分のつとめを疎かにするならば望みの果報は得られない。無駄な「犠牲」である。

――自分の幸せに責任を持てるのは自分だけである。

仏立像　サハリ＝バハロール（ガンダーラ）出土
ペシャワール博物館蔵

AJB

先ず自分を正しくととのえ、次いで他人を教えよ。
そうすれば賢明な人は、煩わされて悩むことが無いであろう。

他人に教えるとおりに、自分でも行なえ——。
自分をよくととのえた人こそ、他人をととのえるであろう。
自己は実に制し難い。

自己こそ自分の主《あるじ》である。
他人がどうして（自分の）主であろうか？
自己をよくととのえたならば、得難き主を得る。

荼毘塚（だびづか）で瞑想する
修行僧　クシーナガル

今のひとびとは自分の利益のために交《まじ》わりを結び、
また他人に奉仕する。
今日、利益をめざさない友は、得がたい。
自分の利益のみを知る人間は、きたならしい。
犀の角のようにただ独り歩め。

砂嵐の河原で瞑想する修行者
ヒマラヤ山麓リシ・ケーシュ

つねに注意して
友誼《ゆうぎ》の破れることを懸念《けねん》して
(甘《うま》いことを言い)、
ただ友の欠点のみ見る人は、
友ではない。

通称「バラモンの住む村」と呼ばれるヒマラヤ山麓
デーヴ・プラヤーグのバラモン僧

子が母の胸にたよるように、
その人にたよっても、
他人のためにその間を
裂かれることのない人こそ、
友である。

親子で畑に水を汲み上げる
ピブラーワー

他人からことばで警告されたときには、
心を落ちつけて感謝せよ。
ともに修行する人々に対する
荒《すさ》んだ心を断て。
善いことばを発せよ。
その時にふさわしくないことばを
発してはならない。
人々をそしることを思ってはならぬ。

ブッダがしばしば渡河往来した
ガンジス河北岸チェチェルの船着場

勝利からは怨みが起る。
敗れた人は苦しんで臥《ふ》す。
勝敗をすてて、
やすらぎに帰した人は、
安らかに臥す。

第六章

執著を離れる

欲をこじらせてしまったのが執著《しゅうじゃく》である。世間でも、風邪を引くのは不可抗力だが、こじらせるのは自己責任だ、などといわれる。同様に、欲が起こるのは自然なことだが、対象に固執して苦しむのは多くの場合、自己責任である。無意識にであれ、みずから執著に心を預けてしまっているのだから。

欲はそれ自体善でも悪でもないけれども、そこに「われ」〈我《が》〉・「わがもの」〈我所《がしょ》〉という思いが絡むとき、執著となってその人を苦しめる。

厄介なことに、心にこの〈我〉の思いがあると、欲と執著の区別がつかなくなる。だが、この区別がつかない限り、執著を離れることはままならない。

ブッダはこの世の無常を説き、無常なるものは苦であると説いた。ではその苦なるものは果たして「自分」や「自分のもの」とするにふさわしいものだろうか？　ふさわしくないものにいつまでも拘泥しているのが執著である。みずから苦を抱え込んでいるのだ。

万物流転が世のならいであるならば、変化こそが常態である。それを「失う」と捉えてしまう心、そこに執著が潜んでいる。それは現状にしがみ付くことと表裏一体である。

智慧の眼を開いて、そこにある執著を見出そう。執著を手放すことはそれと意識して初めて可能になるのだ。

触地印（そくちいん）を結ぶブッダ像　ヴィシュヌプル出土
11世紀　パトナー博物館蔵

悪魔パーピマンがいった、
「子のある者は子について喜び、
また牛のある者は牛について喜ぶ。
人間の執著《しゅうじゃく》するもとのものは喜びである。
執著するもとのもののない人は、
実に喜ぶことがない。」

師は答えた、
「子のある者は子について憂《うれ》い、
また牛のある者は牛について憂う。
実に人間の憂いは執著するもとのものである。
執著するもとのもののない人は、
憂うることがない。」

沐浴に訪れた親子　パトナー

ひとが、田畑・宅地・黄金・牛馬・奴婢《ぬひ》・傭人《やといにん》・婦女・親族、
その他いろいろの欲望を貪《むさぼ》り求めると、
無力のように見えるもの（諸々の煩悩）がかれにうち勝ち、
危い災難がかれをふみにじる。
それ故に苦しみがかれにつき従う。
あたかも壊《やぶ》れた舟に水が侵入するように。

それ故に、人は常によく気をつけていて、
諸々の欲望を回避せよ。
船のたまり水を汲み出すように、
それらの欲望を捨て去って、
激しい流れを渡り、彼岸《ひがん》に到達せよ。

ブッダ入滅の地クシーナガルへ向かう
ガンダキ河の夕暮れ

「わたしには子がある。わたしには財がある」

と思って愚かな者は悩む。

しかしすでに自己が自分のものではない。

ましてどうして子が自分のものであろうか。

どうして財が自分のものであろうか。

着飾った農村の婦人
ジェータヴァナ

「教義によって、学問によって、知識によって、
戒律や道徳によって清らかになることができる」とは、
わたくしは説かない。
「教義がなくても、学問がなくても、知識がなくても、
戒律や道徳を守らないでも、清らかになることができる」、
とも説かない。
それらを捨て去って、固執することなく、こだわることなく、
平安であって、迷いの生存を願ってはならぬ。
（これが内心の平安である。）

木陰でラーマーヤナを口ずさむ修行僧
リシ・ケーシュ

親しみ慣れることから恐れが生じ、
家の生活から汚れた塵《ちり》が生ずる。
親しみ慣れることもなく
家の生活もないならば、
これが実に聖者のさとりである。

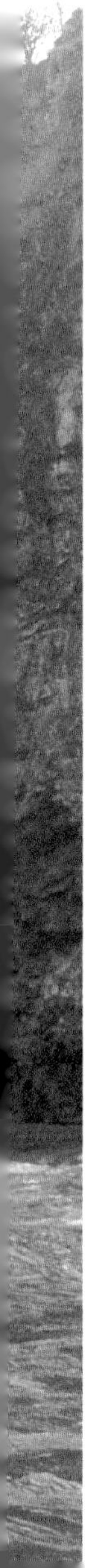

アルカナンダ河のガート（沐浴場）で
瞑想する修行僧　ナンダギリ

人々は「わがものである」と執著《しゅうじゃく》した物のために悲しむ。
（自己の）所有しているものは常住ではないからである。
この世のものはただ変滅するものである、……

人が「これはわがものである」と考える物、
——それは（その人の）死によって失われる。
われに従う人は、賢明にこの理《ことわり》を知って、
わがものという観念に屈してはならない。

夕暮れのガンジス河畔の火葬
薪が燃え尽きるまで無言で見守る縁者たち　パトナー

涅槃（入滅）するブッダ　7世紀頃
アジャンタ石窟寺院　第26窟

親しい人の死を知ったときの淋しさは言葉にならない。

ブッダ自身も晩年、愛弟子のサーリプッタとモッガラーナに相次いで先立たれ、集会の場で人目を憚らず嘆息することがあった。

「比丘たちよ、サーリプッタとモッガラーナが亡くなってから、この集会はわたしにとってすっかり虚しいものになってしまった。あの二人がいた方向に今はもうその姿を望むことができない」

（サンユッタ・ニカーヤ47・14取意）

しかしブッダはこれに続けて「悲しむなかれ」と説いた。悲しむことが間違いなのではない。ただ、悲嘆にくれるあまり悲しさに心を奪われてはならない。それは〈涅槃〉をもたらさないのだから。ブッダはそう教えるのだ。

悲しみもまた無常で、時とともに薄れていく。賢者には福音となるこの教えも、凡人にはどこかつれなく響くものだ。とかくわれわれは悲しみにしがみつきやすい。悲しみから離れようとして、気づかぬ間に新しい悲しみを上書きにしていることがある。

肉体がわれわれなのではないとブッダは教えた。死は肉体の終焉である。だが、それだけのことだ。だれかの死を受け入れることは、自分のなかのその人すべてを失うことではない。

だから今は手放す勇気を持とう。悲しみにしがみつく心を手放したとき、先立った人との間に肉体にとらわれない新しい関係が生まれるのだ。

この世における人々の命は、
定まった相《すがた》なく、
どれだけ生きられるか解《わか》らない。
惨《いた》ましく、短くて、
苦悩をともなっている。

生まれたものどもは、
死を遁《のが》れる道がない。
老《お》いに達しては、死ぬ。
実に生あるものどもの定《さだ》めは、
このとおりである。

熟した果実は早く落ちる。
それと同じく、
生まれた人々は、
死なねばならぬ。
かれらにはつねに死の怖《おそ》れがある。

たとえば、陶《とう》工のつくった土の器が
終にはすべて破壊されてしまうように、
人々の命もまたそのとおりである。

ヴァイシャーリー城址の落日

若い人も壮年の人も、愚者《ぐしゃ》も賢者も、すべて死に屈服してしまう。
すべての者は必ず死に至る。

かれらは死に捉《とら》えられてあの世に去って行くが、
父もその子を救わず、親族もその親族を救わない。

見よ。見まもっている親族がとめどなく悲嘆に暮れているのに、
人は屠所《としょ》に引かれる牛のように、一人ずつ、連れ去られる。

このように世間の人々は死と老いとによって害《そこな》われる。
それ故に賢者は、世のなりゆきを知って、悲しまない。

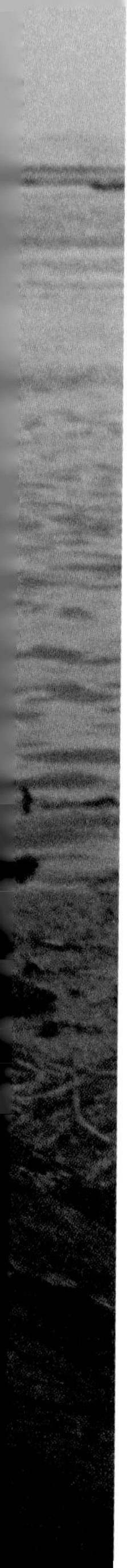

ガンジス河畔での火葬
父の屍に火を点す喪主　パトナー

汝は、来た人の道を知らず、
また去った人の道を知らない。
汝は（生と死の）両極を見きわめないで、
いたずらに泣き悲しむ。

迷妄《めいもう》にとらわれ自己を害なっている人が、
もしも泣き悲しんで
なんらかの利を得ることがあるならば、
賢者もそうするがよかろう。

泣き悲しんでは、心の安らぎは得られない。
ただかれにはますます苦しみが生じ、
身体がやつれるだけである。

ブッダ在世時の四大強国のひとつヴァッサ国の首都、
落日に輝くヤムナ河畔コーサンビー城址

みずから自己を害《そこな》いながら、身は瘠《や》せて醜《みにく》くなる。
そうしたからとて、死んだ人々はどうにもならない。
嘆き悲しむのは無益である。

人が悲しむのをやめないならば、
ますます苦悩を受けることになる。
亡くなった人のことを嘆くならば、
悲しみに捕《とら》われてしまったのだ。

見よ。他の「生きている」人々は、
また自分のつくった業にしたがって死んで行く。
かれら生あるものどもは死に捕えられて、
この世で慄《ふる》えおののいている。

たとい人が百年生きようとも、
あるいはそれ以上生きようとも、
終には親族の人々から離れて、
この世の生命を捨てるに至る。

だから〈尊敬さるべき人〉の教えを聞いて、
人が死んで亡くなったのを見ては、
「かれはもうわたしの力の
及ばぬものなのだ」とさとって、
嘆き悲しみを去れ。

たとえば家に火がついているのを
水で消し止めるように、
そのように智慧ある聡明な賢者、

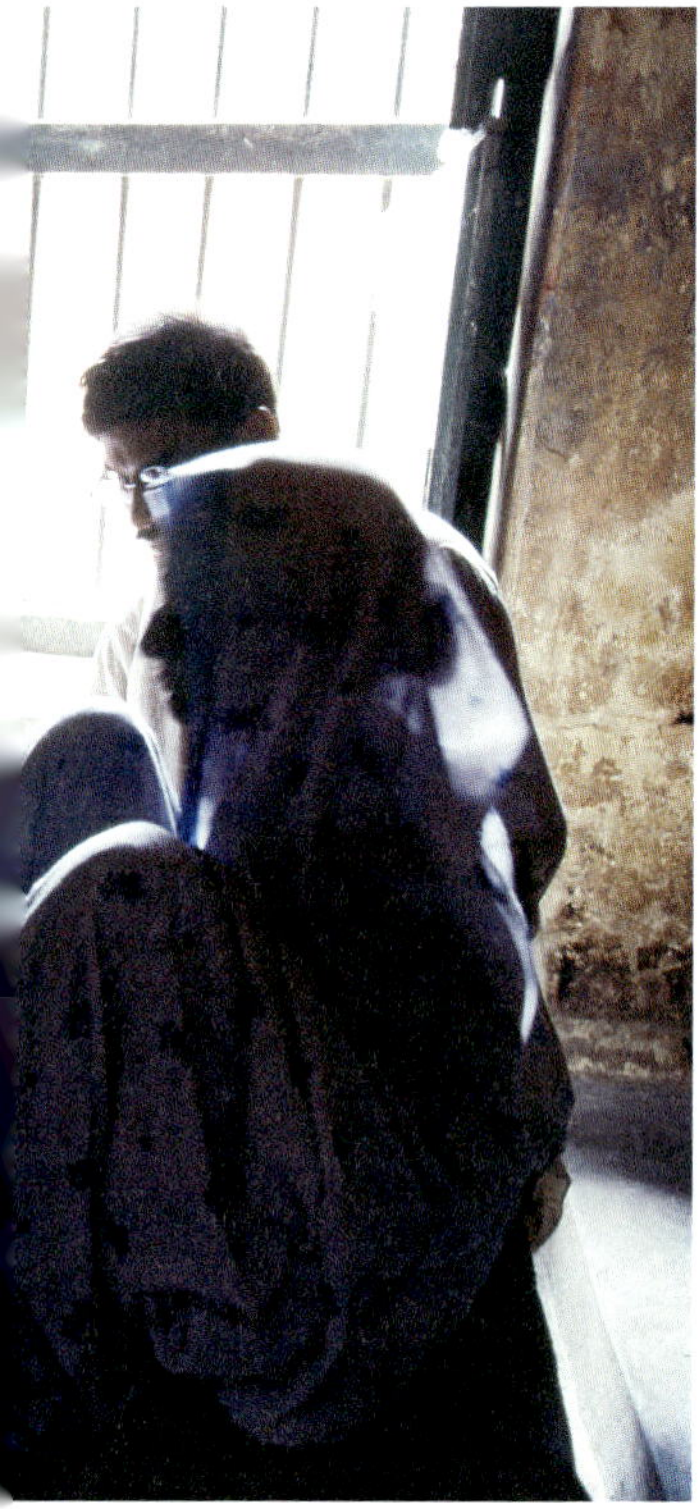

臨終の老母の足を温め癒す
親族たち　死を待つ館
ヴァーラーナシー

立派な人は、悲しみが起ったのを
速かに滅ぼしてしまいなさい。
——譬えば風が綿を吹き払うように。

己《おの》が悲嘆と愛執と憂いとを除《のぞ》け。
己が楽しみを求める人は、
己が（煩悩《ぼんのう》の）矢を抜くべし。

（煩悩の）矢を抜き去って、
こだわることなく、
心の安らぎを得たならば、
あらゆる悲しみを超越して、
悲しみなき者となり、
安らぎに帰する。

ヒラニヤヴァティー河と
ラマバール・ストゥーパ
クシーナガル

悲しむな。嘆くな。
アーナンダよ。
わたしは、あらかじめ
このように説いたではないか、
――すべての愛するもの・
好むものからも別れ、離れ、
異なるに至るということを。
およそ生じ、存在し、つくられ、
破壊さるべきものであるのに、
それが破滅しないように、
ということが、
どうしてありえようか。
アーナンダよ。
そのようなことわりは存在しない。

第八章

真理とは

ブッダは成道《じょうどう》した後、その内容を他人に説くことを躊躇《ためら》った。――自ら悟った真理は、世間の常識に逆行するものであり、世人には理解されず歓迎もされないに違いない。

「貪りと憎しみにとりつかれた人々が、この真理をさとることは容易ではない。これは世の流れに逆らい、微妙であり、深遠で見がたく、微細であるから、欲を貪り闇黒に覆われた人々は見ることができないのだ」（サンユッタ・ニカーヤ6・1・1・4）

この躊躇の心を知った〈梵天〉は、急ぎ娑婆世界に降り来たってブッダに説法を懇願した。一度二度とその懇請を退けたものの、重ねて三度請い願う熱意にほだされて、ブッダはようやくその願いを聞き容れ、伝道を決意するのである。

とはいえ一度は不可能と判断したことである。その不可能事をどうすれば成し遂げられるか？ブッダは悟りの内容を整理して、初めて聞く者にもわかりやすく、遂には彼を自分と同じ悟りにまで導きうる方法を見出すべく熟慮に熟慮を重ねた。こうして組み上げられたのが「四つの明らかなこと」〈四諦《したい》〉をはじめとする〈教え〉であった。

かくて法輪は初めて転ぜられた。かつての苦行仲間五人を相手に昼夜を分かたず丁々発止の討議が続いた。数日後ついに一人がブッダの〈教え〉を得心する。「コーンダンニャは悟った！」ブッダの試みは実を結んだ。最初の阿羅漢コーンダンニャは実にこの〈教え〉によって悟ったのである。

初転法輪像　サールナート出土　5世紀
サールナート考古博物館蔵

さとれる者（＝仏）と
真理のことわり（＝法）と
聖者の集《つど》い（＝僧）とに帰依する人は、
正しい知慧をもって、
四つの尊い真理を見る。
――すなわち
⑴苦しみと、
⑵苦しみの成り立ちと、

ガンジス河の中州にたたずむ女性　チャンパプル

(3)苦しみの超克と、
(4)苦しみの終滅《おわり》におもむく
八つの尊い道（八聖道《はっしょうどう》）とを（見る）。

これは安らかなよりどころである。
これは最上のよりどころである。
このよりどころにたよって
あらゆる苦悩から免《まぬが》れる。

夜明けの大菩提寺に向かう参詣者
ブッダガヤー

「一切の形成されたものは無常である」
（諸行無常）と明らかな知慧をもって観《み》るときに、
ひとは苦しみから遠ざかり離れる。
これこそ人が清らかになる道である。

「一切の形成されたものは苦しみである」
（一切皆苦）と明らかな知慧をもって観《み》るときに、
ひとは苦しみから遠ざかり離れる。
これこそ人が清らかになる道である。

「一切の事物は我《われ》ならざるものである」
（諸法非我）と明らかな知慧をもって観《み》るときに、
ひとは苦しみから遠ざかり離れる。
これこそ人が清らかになる道である。

眠れない人には夜は長く、
疲れた人には一里の道は遠い。
正しい真理を知らない
愚かな者どもには、
生死の道のりは長い。

古いものを喜んではならない。
また新しいものに
魅《み》惑《わく》されてはならない。
滅びゆくものを
悲しんではならない。

ブッダ成道の地、ブッダガヤーの大塔と前正覚山

もしも愚者がみずから愚であると考えれば、
すなわち賢者である。
愚者でありながら、
しかもみずから賢者だと思う者こそ、
「愚者」だと言われる。

ガンジス河の支流ゴーグラ河畔の村に住む老農夫

（他の人々が）高く翔んでいるときには、落ち着け。
（他の人々が）落ち着いているときには、高く翔べ。
（他の人々が）住まないところに、住め。
（他の人々が）楽しんでいるときには、楽しむな。

人ごみの中で独り祈るクンブメーラの
巡礼者　アラーハーバード

第九章 心

心は〈わたし〉の内と外とを映す鏡であり、周囲の移り変わりに合わせて刻一刻と内容を変えている。この鏡に映る像をわれわれは自分の本体と思いなす。それが偽りの自己、すなわち「われ」〈我《が》〉である。

「われ」という思いに染められた心は、本来の自己と偽りの自己との区別を知らずに、心に映じた思いや感情を「わがもの」〈我所《がしょ》〉と取り違えて世の中に投影する。そして、その影を追いかけて忙《せわ》しなく動き回る小猿のような心の動きに、われわれはどこまでもどこまでも振り回されるのだ。

「何ものかをわがものであると執著して動揺している人々を見よ。かれらのありさまはひからびた流れの水の少ないところにいる魚のようなものである」（スッタニパータ777）

しかし、心と自己とは智慧の剣により切り離すことができる。そして偽りの自己から切り離された心は善い行いを通じて鍛えることも育てることもできる。

この世は心の映像に他ならず、その見え方は心のあり方次第。また、我々はことばと行いとによって世の中に働きかけるが、その大本にあって両者をリードするのも心である。だから心の持ち方一つで万事が変わっていく。変えることができる。それゆえ心を浄め整えるのである。

調御《ちょうぎょ》できれば、心ほど尊く心強いものはない。我々を振り回すのも心であるが、涅槃を現証するのもまたその心をおいてほかにないのだ。

仏頭　マトゥラー出土　5世紀頃
マトゥラー博物館蔵

ものごとは心にもとづき、心を主とし、
心によってつくり出される。
もしも汚れた心で
話したり行なったりするならば、
苦しみはその人につき従う。
――車をひく（牛）の足跡に
車輪がついて行くように。

シャカ族の居城、カピラ城外を行き交う
燃料にする枯れ木を満載した牛車の群れ
ティラウラコット　ネパール

ものごとは心にもとづき、心を主とし、
心によってつくり出される。
もしも清らかな心で
話したり行なったりするならば、
福楽はその人につき従う。
――影がそのからだから離れないように。

心は、動揺し、ざわめき、
護り難く、制し難い。
英知ある人はこれを直《なお》くする。
――弓矢職人が矢柄を直くするように。

水の中の住居《すみか》から引き出されて
陸《おか》の上に投げすてられた魚のように、
この心は、
悪魔の支配から逃れようとして
もがきまわる。

托鉢に出かけるタイの仏教僧の師弟　ブッダガヤー

心は、捉《とら》え難く、
軽々《かろがろ》とざわめき、
欲するがままにおもむく。
その心をおさめることは
善いことである。
心をおさめたならば、
安楽をもたらす。

心は、極《きわ》めて見難く、
極めて微妙であり、
欲するがままにおもむく。
英知ある人は
心を守れかし。
心を守ったならば、

安楽をもたらす。

心は遠くに行き、
独り動き、形体なく、
胸の奥の洞窟に
ひそんでいる。
この心を制する人々は、
死の束縛から
のがれるであろう。

池で沐浴する人々　ガヤー近郊

一つの岩の塊りが風に揺がないように、
賢者は非難と賞讃とに動じない。

深い湖が、澄んで、清らかであるように、
賢者は真理を聞いて、こころ清らかである。

ガンジス河を下る帆掛け船

第十章

つとめ励む

人生の苦悩から離脱した境地をニルヴァーナ〈涅槃〉という。ブッダの教えは「涅槃の道」といわれる。涅槃への道ではなく、涅槃の道とあるところに、道を歩いて涅槃に到達するのではなく、道を歩くことそのものが涅槃なのだと説くブッダの立場が見てとれる。

心は世界を逆さまに映す。われわれはその像を見て、常ならざるものを常と、楽ならざるものを楽と、「われ」と「わがもの」ならざるものをそれらと見、浄らかならざるものを浄らかだと錯覚している。この「逆さまの見方」〈顚倒《てんどう》〉が苦をもたらすのだ。

ブッダの教えにそのことを気付かされ、「なるほどそうか」とひっくり返してみても、知らずまた逆立ちしているのがわれわれの心である。その〝起き上がり小法師〟のような頑固な心と向き合い、〈念〉と〈正知〉とをもって常に配慮しながら、教えに照らして不断にそれを起こし直し続けること、それが修行であり「涅槃の道」である。

この道は一人ひとりがつとめ励むべきものである。「みずから悪をなすならば、みずから汚れ、みずから悪をなさないならば、みずから浄まる。浄いのも浄くないのも、各自のことがらである。人は他人を浄めることができない」(ダンマパダ165)たとえブッダであっても他人を浄めることはできない。「如来は教えを説くのみ」(ダンマパダ276)なのである。涅槃を現証できるか否かは、ひとえに〈わたし〉がその道を歩むかどうかにかかっている。

苦行像　シクリ（ガンダーラ）出土
3世紀　ラホール博物館蔵

戦場において百万人に勝つよりも、
唯だ一つの自己に克つ者こそ、
じつに最上の勝利者である。

祈願成就の御礼に五体投地でガンゴートリー寺院へ向かう巡礼者　アリガル付近

たとい他人にとって
いかに大事であろうとも、
（自分ではない）他人の目的のために
自分のつとめをすて去ってはならぬ。
自分の目的を熟知して、
自分のつとめに専念せよ。

路上の床屋　アーグラー

つとめ励むのは不死の境地である。
怠りなまけるのは死の境涯である。
つとめ励む人々は死ぬことが無い。
怠りなまける人々は、
死者のごとくである。

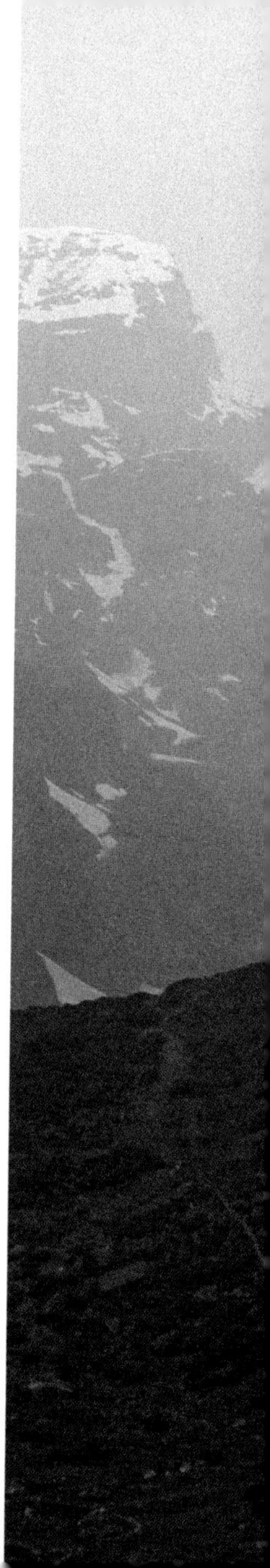

ヴィシュヌ神を祀るヒマラヤの
バドリナート山の夜明け

世の人は死によって圧迫され、
老いに囲まれ、愛欲の矢に刺され、
常に欲望により燻《くす》べられる。

世人は死のために圧迫され、
また老に取り巻かれ、
救い手もなく、常に害される。
刑罰を受けることになった
盗賊のごとくである。

死と病と老との三者は、
あたかも火《ほ》むらのごとくに迫って来る。
これに抗うには力がない。
これを逃れるには敏速さがない。

多かろうと少なかろうと、
一日（のうちの時間）を、
空しく過してはならない。
一夜を（無益に）捨てるならば、
それだけそなたの生命は
減ずるのである。

歩んでいようと、
立っていようと、
臥床に横臥していても、
最後の夜は迫って来る。
そなたは、いまは
怠けていてよい時ではない。

豪雨に洗われる農村 ビプラーワー付近

愛欲があれば、（汚いものでも）清らかに見える。
その（美麗な）外形を避けよ。
（身は）不浄であると心に観じて、
心をしずかに統一せよ。

インド最大の聖なるサンガムで祈る
船上の女性　アラーハーバード

下劣なしかたになじむな。
怠けて人々とともにふわふわと暮すな。
邪《よこしま》な見解をいだくな。
世俗のわずらいをふやすな。

世俗的であっても、
すぐれた正しい見解をもっているならば、
その人は千の生涯を経ても、
地獄に堕《お》ちることがない。

朝靄に煙る祇園精舎

第十二章

ブッダの生涯

「修行者ゴータマは、実に〈さあ来なさい〉〈よく来たね〉と語る人であり、親しみあることばを語り、喜びをもって接し、しかめ面をしないで、顔色はればれとし、自分のほうから先に話しかける人である」（ディーガ・ニカーヤⅠ・ⅳ取意）

2500年前、ヒマラヤ山麓の小王国に産声を上げた王子は、35歳の時、勤苦六年の末に大覚を成就してブッダとなった。以降入滅までの40年余りを彼は〈人と天との教師〉として生きた。

故国の滅亡を目の当たりにするなど、その生涯は決して平穏無事なものではなかった。しかしブッダはそうした騒がしい世の中の表の流れからは一歩退いたところで、世間に交わり、親しく人々と言葉を交わしながら、〈道〉を歩み〈法〉を説きつつ諸国を遊行する生涯を送った。

齢80となり「革紐によってようやく前に進んでいる古ぼけた車」のようになった体を引きずりながら、ブッダは故郷を目指す最後の旅に出る。

思い出深いヴァイシャーリーを過ぎ、懐かしい景色をまぶたに留めようと、象のようにゆったりと体を廻らせ、街を遠くに眺めやりながら、世に、そして人の一生に思いを馳せた。

citro《チトロー》 jaṃbudvīpo《ジャンブドゥヴィーポー》, madhuraṃ《マドゥラム》 jīvitaṃ《ジーヴィタム》 manuṣyāṇām《マヌシュヤーナーム》

（この世界は美しいものだし、人間の命は甘美なものだ）

――故郷までわずかと迫った小都市クシーナガルの沙羅樹林の中でブッダは入滅する。生きとし生けるもの一切にとっての〈善き友〉であった人の最期は静かな安らぎに満ちたものであった。

仏頭　シャーバーズ・ガリー出土
3世紀　ラホール博物館蔵

誕生

この王子は最高のさとりに達するでしょう。
この人は最上の清浄を見、
多くの人々のためをはかり、あわれむが故に、
法輪をまわすでしょう。
この方の清らかな行いはひろく弘《ひろ》まるでしょう。

ところが、この世におけるわたくしの余命は
いくばくもありません。
(この方がさとりを開かれるまえに)
中途でわたくしは死んでしまうでしょう。
わたくしは比《たぐい》なき力ある人の教えを聞かないでしょう。
だから、わたくしは、悩み、悲嘆し、苦しんでいるのです。

ブッダ誕生（マーヤー夫人の右わきから誕生）
カトマンドゥー出土　7世紀　ネパール国立博物館蔵

出家

わたしはこのように裕福で、
このように極めて優しく
柔軟であったけれども、
このような思いが起った
——愚かな凡夫は、
みずから老いゆくもので、
また老いるのを免れないのに、
他人が老衰したのをみて、
考え込んでは、悩み、恥じ、
嫌悪している。
われもまた老いゆくもので、

……
老いるのを免れないのに、
他人が老衰したのをみては、
悩み、恥じ、嫌悪するであろう
――このことはわたくしには
ふさわしくないと言って。

わたくしがこのように
観察したとき、
青年期における青年の意気は
全く消え失せてしまった。

花嫁の館に向かう馬上の花婿
ヴァーラーナシー

降魔・成道

わたくしには信念があり、
努力があり、また智慧がある。
このように専心しているわたくしに、
汝はどうして生命《いのち》をたもつことを尋《たず》ねるのか？

（はげみから起る）この風は、
河水の流れをも涸《か》らすであろう。
ひたすら専心しているわが身の血が
どうして涸《こ》渇《かつ》しないであろうか。

（身体の）血が涸れたならば、
胆汁《たんじゅう》も痰《たん》も涸れるであろう。
肉が落ちると、
心はますます澄《す》んでくる。
わが念《おも》いと智慧と統一した心とは
ますます安立するに至る。

わたくしはこのように安住し、
最大の苦痛を受けているのであるから、
わが心は諸々の欲望にひかれることがない。
見よ、心身の清らかなことを。

苦行を放棄し悟りを開いたブッダガヤー

説法

「あなたは農夫であると
みずから称しておられますが、
われらはあなたが耕作するのを見たことがない。
おたずねします、
――あなたが耕作するということを、
われらが了解《りょうかい》し得るように話してください。」

(師は答えた)、

「わたしにとっては、信仰が種子《たね》である。
苦行が雨である。智慧がわが軛《くびき》と鋤《すき》とである。
慚《はじること》が鋤棒である。心が縛《しば》る縄である。
気を落ちつけることが
わが鋤先と突棒とである。

身をつつしみ、ことばをつつしみ、
食物を節して過食しない。
わたくしは真実をまもることを
草刈《くさか》りとしている。
柔和《にゅうわ》がわたくしにとって
〔牛の〕軛を離すことである。
努力がわが〈軛をかけた牛〉であり、
安穏《あんのん》の境地に運んでくれる。
退《しりぞ》くことなく進み、
そこに至ったならば、憂《うれ》えることがない。
この耕作はこのようになされ、
甘露《かんろ》の果実《みのり》をもたらす。
この耕作を行なったならば、
あらゆる苦悩から解《と》き放たれる。」

パトナー郊外の農村

旅立ち

リッチャビ族の貴族の沐浴場
コロネーション・タンク　ヴァイシャーリー

アーナンダよ。
今でも、
またわたしの死後にでも、
誰でも自らを島とし、
自らをたよりとし、
他人をたよりとせず、
法を島とし、
法をよりどころとし、
他のものをよりどころとしないで
いる人々がいるならば、
かれらはわが修行僧として
最高の境地にあるであろう、
――誰でも学ぼうと望む人々は――。

涅槃

さあ、修行僧たちよ。
お前たちに告げよう、
「もろもろの事象は過ぎ去るものである。
怠ることなく修行を完成なさい」と。
これが修行をつづけて来た者の最後のことばであった。

入滅の地クシーナガルの沙羅樹と涅槃堂

ヒラニヤヴァティー河畔の荼毘塚
ラマバール・ストゥーパ　クシーナガル

火葬

止《や》めなさい。友よ。悲しむな。嘆くな。
尊師はかつてあらかじめ、
お説きになったではないですか。
――〈すべての愛《いと》しき好む者どもとも、
生別し、死別し、死後には境界を異にする〉と。

一切の生きとし生けるものは、
幸福であれ、
安穏《あんのん》であれ、
安楽であれ。

夜明けのガンジス河　パトナー

撮影後記　丸山　勇

中村元博士と初めてお目にかかったのは、１９７４年、学研から出版された『ブッダの世界』（１９８０年刊）の企画執筆の依頼で、当時の学研教養図書編集室長・水谷千尋氏と神田明神の山門前の博士の私塾、東方学院を訪れた時のことだった。

以来、我が国にもたらされた仏教文化の源流を撮影するべく、１９７５年、初めてインドに赴き、北は聖仙たちが集うヒマラヤ山麓、そして苦行の末悟りを開き、ブッダが80歳で入滅するまで活躍していたガンジス河中流域の足跡を辿り、南は石窟寺院が点在するデカン高原から南端のカニャークマリ、東はバングラデシュに遺るアジア最大の寺院パハルプルの遺跡、西はパキスタンのガンダーラ地方の仏教遺跡など、インド亜大陸を巡りながら、各地に散在する仏像やレリーフ、さらに仏教のバックグラウンドである各地の風景や風俗、日常生活に目を注ぎ、大地の有り様と人々の生きざまを追い求めて撮影の旅を続けてきた。

デカン高原の丘陵やヒマラヤ山麓で真理を求めて修行するサドゥーたちには布施を、無医村から大怪我をした娘を連れて山を下りてきた母娘には手持ちの薬を与え、群がる物乞いには小額のルピーを恵んできたが、どこでも「ダンニャバード」「サンキュー」といった礼の言葉を一度も耳にしたことがない。しかしそれは、人を思い、思いやり、善行を施し功徳を積み重ねることによって、輪廻の業から解放され、死者の魂は天に昇ると信じているインド人たちの、日常自然な行為なのである。彼らは現在よりも未来、未来よりも来世を見つめ、等しく神の恩恵に与《あずか》れるよう、他人には功徳を積ませ、自らも功徳を積み重ねている。その姿は、ブッダが説く慈悲の心に共通する思想なのであろう。

インドへの旅は、およそ40年間23回を数えた。

2012年、(公財) 中村元東方研究所の「中村元博士生誕100年記念事業」に際し、博士の故郷松江にオープンした中村元記念館に於いて、長年撮りためてきた拙者のインドの写真が活用され、写真展「ブッダのことば」が開催された。その集大成として、本書が上梓できたことは望外の喜びである。

本書の編纂に当たっては、解説担当の佐々木一憲氏並びにプロデューサーの笛木敬代氏、新潮社企画編集部の金川功氏には大変お世話になった。膨大な量の経典からの言葉選びや写真の選定、言葉や写真を差し替えたり戻したりという困難な作業が続いた。心から感謝の意を表する次第である。

最後に、写真展「ブッダのことば」を支えて下さった(公財)中村元東方研究所理事長・前田專學博士をはじめ、奈良康明博士、三木純子理事、携わってくれた方々と、書籍としての新たな企画を新潮社にご推薦下さった、中学の同級生であり、60年来の友人である坂本忠雄氏(月刊「新潮」元編集長)に深く御礼を申し上げる。

p94　「スッタニパータ」769-771　第4八つの詩句の章〈1欲望〉
p97　「ダンマパダ」62　第5章〈愚かな人〉
p99　「スッタニパータ」839
　第4八つの詩句の章〈9マーガンディヤ〉
p100　「スッタニパータ」207　第1蛇の章〈12聖者〉
p102　「スッタニパータ」805-806　第4八つの詩句の章〈6老い〉
p106-113「スッタニパータ」574-587/589-593　第3大いなる章〈8矢〉
p115　「大パリニッバーナ経」14　第5章〈19アーナンダの号泣〉
p118-119「ダンマパダ」190-192　第14章〈ブッダ〉
p121　「ダンマパダ」277-279　第20章〈道〉
p123　「ダンマパダ」60　第5章〈愚かな人〉
p124　「スッタニパータ」944
　第4八つの詩句の章〈15武器を執ること〉
p126　「ダンマパダ」63　第5章〈愚かな人〉
p128　「テーラガーター」76
　〈一つずつの詩句の集成 ピヤンジャハ長老〉
p132-133「ダンマパダ」1-2　第1章〈ひと組みずつ〉
p134-137「ダンマパダ」33-37　第3章〈心〉
p139　「ダンマパダ」81-82　第6章〈賢い人〉
p142　「ダンマパダ」103　第8章〈千という数にちなんで〉
p145　「ダンマパダ」166　第12章〈自己〉
p147　「ダンマパダ」21　第2章〈はげみ〉
p148-149「テーラガーター」448-452
　〈六つずつの詩句の集成 シリマンダ長老〉
p151　「スッタニパータ」341　第2小なる章〈11ラーフラ〉
p152　「ウダーナヴァルガ」8-9　第4章〈はげみ〉
p156　「スッタニパータ」693-694　第3大いなる章〈11ナーラカ〉
p158-159「アングッタラ・ニカーヤ」3.38
p160-161「スッタニパータ」432-435
　第3大いなる章〈2つとめはげむこと〉
p162-163「スッタニパータ」76-80
　第1蛇の章〈4田を耕すバーラドヴァージャ〉
p165　「大パリニッバーナ経」26
　第2章〈9旅に病む――ベールヴァ村にて〉
p167　「大パリニッバーナ経」7　第6章〈23臨終のことば〉
p169　「大パリニッバーナ経」11　第6章〈24死を悼む〉
p170　「スッタニパータ」145　第1蛇の章〈8慈しみ〉

出典一覧

本文収録の経文の出典は以下の通り。典籍名につづく数字はパーリ聖典協会（PTS）版の文章番号に対応している。なお、引用の内、複数の訳例のあるものについては、若干の例外を除き、基本的に岩波文庫版の訳を採用し、その場合には同文庫版の章名・見出しについても付記した。訳文引用に際しては以下の書籍を利用した。

- 『ブッダのことば　スッタニパータ』中村元訳　岩波文庫
- 『ブッダの真理のことば　感興のことば』
  （ダンマパダ / ウダーナヴァルガ）中村元訳　岩波文庫
- 『ブッダ最後の旅　大パリニッバーナ経』中村元訳　岩波文庫
- 『原始仏教―その思想と生活』中村元著　NHK ブックス
- 『中村元選集［決定版］第 12 巻 ゴータマ・ブッダ　Ⅱ』
  中村元著　春秋社

p3	「ウダーナヴァルガ」1　第 28 章〈悪〉
p12-19	「スッタニパータ」143-147/149-151　第 1 蛇の章〈 8 慈しみ〉
p23-29	「スッタニパータ」259-268　第 2 小なる章〈4 こよなき幸せ〉
p33	「スッタニパータ」148　第 1 蛇の章〈8 慈しみ〉
p34	「ダンマパダ」50-52　第 4 章〈花にちなんで〉
p37	「ダンマパダ」152　第 11 章〈老いること〉
p39	「スッタニパータ」394　第 2 小なる章〈14 ダンミカ〉
p40	「ダンマパダ」129-130　第 10 章〈暴力〉
p42	「ウダーナヴァルガ」4　第 2 章〈愛欲〉
p45	「スッタニパータ」396　第 2 小なる章〈14 ダンミカ〉
p46	「スッタニパータ」398-399　第 2 小なる章〈14 ダンミカ〉
p48	「ダンマパダ」6　第 1 章〈ひと組みずつ〉
p50	「スッタニパータ」136　第 1 蛇の章〈 7 賤しい人〉
p53	「スッタニパータ」462　第 3 大いなる章 〈4 スンダリカ・バーラドヴァージャ〉
p55	「ダンマパダ」163　第 12 章〈自己〉
p56	「テーラガーター」501 〈八つずつの詩句の集成 大カッチャーヤナ長老〉
p59	「スッタニパータ」611　第 3 大いなる章〈9 ヴァーセッタ〉
p60	「テーラガーター」666-670 〈十四ずつの詩句の集成 ゴーダッタ長老〉
p62-63	「ダンマパダ」119-122　第 9 章〈悪〉
p64	「ダンマパダ」173　第 13 章〈世の中〉
p66	「ダンマパダ」71　第 5 章〈愚かな人〉
p68-69	「ダンマパダ」231-233　第 17 章〈怒り〉
p72-73	「ダンマパダ」221-224　第 17 章〈怒り〉
p75	「ダンマパダ」133-134　第 10 章〈暴力〉
p76-77	「ダンマパダ」3-5　第 1 章〈ひと組みずつ〉
p81	「ダンマパダ」158-160　第 12 章〈自己〉
p82	「スッタニパータ」75　第 1 蛇の章〈3 犀の角〉
p84-85	「スッタニパータ」255　第 2 小なる章〈3 恥〉
p87	「スッタニパータ」973　第 4 八つの詩句の章〈16 サーリプッタ〉
p89	「ダンマパダ」201　第 15 章〈楽しみ〉
p93	「スッタニパータ」33-34　第 1 蛇の章〈2 ダニヤ〉

協力：中村元東方研究所

ブッダの言葉《ことば》

発　行　2014年8月30日
4　刷　2023年6月20日

著　者　中村《なかむら》 元《はじめ》：訳　丸山《まるやま》 勇《いさむ》：写真　佐々木《ささき》一憲《かずのり》：解説
発行者　佐藤隆信
発行所　株式会社新潮社
住　所　〒162-8711 東京都新宿区矢来町71
電　話　編集部 03-3266-5611
読者係 03-3266-5111
http://www.shinchosha.co.jp
印刷所　半七写真印刷工業株式会社
プリンティング・ディレクター　加藤雅久
製本所　加藤製本株式会社

装　幀　新潮社装幀室

ISBN978-4-10-336311-8　C0072